# London Reiseführer 2021/2022

Städtereisen leicht gemacht

EasyTravel Nr.1

## OWB BONUS für sicheres Reisen

Für unsere Leser gibt es jetzt wichtige Infos zu aktuellen länderspezifischen COVID-19 Einreisebestimmungen sowie entsprechende Verordnungen!

Besondere Zeiten erfordern besondere Maßnahmen. Aufgrund der Covid-19 -Pandemie bestehen für Reisende Reisebeschränkungen bei der Einreise aus vielen Staaten. Auch gilt bei der Einreise aus vielen Ländern die Pflicht, sich für mehrere Tage in Quarantäne zu begeben oder Ähnliches. Die Beschränkungen und Verordnungen ändern sich laufend, daher halten wir Sie mit entsprechenden Links zu aktuellen Seiten auf dem Laufenden, damit Sie bei Ihrer Reise keine bösen Überraschungen erwarten.schungen erwarten.

1. Kamera App öffnen und auf den QR-Code richten
2. Auf den angezeigten Link tippen und schon ist das Scannen des QR-Codes erledigt.

VEREINIGTES KÖNIGREICH COVID REGELN & EINREISE | VEREINIGTES KÖNIGREICH COVID REGELN & EINREISE

QR CODE

link: auswaertiges-amt.de

# Inhalt

***Hinweis bevor es losgeht*** *– warum sind keine bzw. wenige Fotos im Buch?*

Viele werden sich fragen, warum dieses Buch ohne bunte Fotos angeboten wird. Dies ist ganz einfach erklärt. Fotos sind ein hoher Kostenpunkt, den der Endkunde zu tragen hätte. Ein Stadtführer mit Hochglanzfotos würde einen Preis von mehr als 20 Euro haben. Wir möchten unseren Lesern jedoch günstige Buchpreise bieten, deshalb haben wir bewusst auf bunte Hochglanzfotos verzichtet.

Zudem ist es bedeutend umweltschonender, auf den Druck von unnötig vielen Bildern zu verzichten. Ein Punkt, der in der heutigen Zeit immer mehr an Wichtigkeit gewinnt. Nun möchten wir euch aber nicht mehr auf die Folter spannen. Wir wünschen euch eine schöne Reise und viel Spaß.

## OWB Online:

Exklusiv für unsere treuen Leser, gibt es nun unseren Online Bonus-Zugang. Dieser Zugang ist für Sie vollkommen kostenlos. Scannen Sie einfach mit Ihrer Kamera-App den QR-Code auf der rechten Seite und legen sie los!

## OWB Bonus-Zugang:

**Je nach Verfügbarkeit:**

- Zusätzliches Reisematerial wie z.B.:
  Stadtpläne, U-Bahnpläne...
- Reisegutscheine und Rabattcodes
- Top Aktivitäten und Links zum Buchen
- Sonderaktionen
- Informationen zu Covid Regeln & Einreise

QR-Code scannen und los geht's!

GUDM - 2D2T19 - G000OM8

# London im Überblick

London zählt zu den am dichtesten besiedelten Städten in Europa. London ist bekannt als die Stadt der Brücken, von denen die London Bridge die berühmteste ist. Die Stadt an der Themse ist berühmt für den Buckingham Palace, die Queen und die königliche Familie und gilt als ein Eldorado für Shopaholics.

London ist auch die Hochburg für Fußball und eine Stadt, die bekannt ist für zahlreiche Konzerte, Ausstellungen, Museen und kulturelle Events. London bietet eine großartige Infrastruktur. Viele Sehenswürdigkeiten lassen sich bequem mit der Underground, der U-Bahn, erreichen. Auch verkehren zahlreiche Busse und Taxis sind ebenfalls einfach zu bekommen. Zudem ist London eine Metropole, die sich auch herrlich zu Fuß erkunden lässt. Anschließend können Sie in einem der 200 Parks in London entspannen. London lässt sich komfortabel mit dem Flugzeug erreichen und bereits nach der Landung kann das Abenteuer London losgehen. In diesem Reiseführer stellen wir die schönsten Sehenswürdigkeiten vor und verraten Ihnen auch einige Geheimtipps, Kuriositäten und Wissenswertes, damit Ihr Aufenthalt zu einem unvergesslichen Erlebnis wird.

# Die Geschichte Londons

Etwa um das Jahr 50 nach Christus wurde von den Römern die Stadt namens Londinium gegründet, von welcher sich der heutige Name London ableitet. Nach dem Untergang des Römischen Reichs wurde die Stadt durch die Angelsachsen zerstört und zu Ende des 9. Jahrhunderts neu gegründet. Im Jahre 1066 ersetzte London Winchester als Hauptstadt des englischen Königreichs. Die Jahre 1665 und 1666 waren geprägt von der großen Pest und dem verheerenden Brand. Doch diese Katastrophen konnten die Entwicklung Londons nicht aufhalten. Im 19. Jahrhundert hatte sich London zur größten Stadt der Welt und zur Hauptstadt des Britischen Empires gemausert. Heute ist London eine Weltstadt, die mit viel Kultur, Traditionen und einer modernen und rasanten Entwicklung punktet.

# London Wetter, Klima und beste Reisezeit

Der erste Gedanke, wenn es um das Wetter in London geht, ist Regen. Doch in Wirklichkeit regnet es nicht ansatzweise so viel in der Hauptstadt, wie man vermutet. Durchschnittlich regnet es pro Monat an 9 Tagen, doch kann es zwischendurch immer zu kurzen Schauern kommen.

London liegt in der gemäßigten Klimazone, die geprägt ist von warmen Sommern und milden Wintermonaten. Während der Sommermonate pendeln sich die Temperaturen stets bei 25° Celsius ein. Während der Hitzewellen kann es auch in London zu Temperaturen oberhalb der 30° Celsius Grenze kommen. Im Winter sinken die Temperaturen auch nachts nur selten unter den Gefrierpunkt. Im Januar beträgt die durchschnittliche Tagestemperatur 8° Celsius und im Februar kühlt es nachts meist auf 2° Celsius ab. Frost kann immer wieder zwischen November und März auftreten, mit lang andauerndem Schneefall ist in London jedoch eher selten zu rechnen.

Als beste Reisezeit für London werden stets die Monate zwischen März und September empfohlen. Im Frühjahr sind die Parks in ein grünes Kleid gehüllt und die Natur erwacht. Generell aber ist London eine Reisedestination, die das ganze Jahr hindurch zu Besuchen einlädt. Zudem bietet London eine große Menge an Indoor- Aktivitäten und mit Regenschirm und Regenjacke bewaffnet, kann auch ein kurzer Schauer oder der typische Nieselregen einem spannenden Urlaubstag nichts anhaben. Entgegen des Rufs ist London nicht in der Liste der 10 regenreichsten Städte in der Europäischen Union.

# Sprache, Religion und Währung in London

In London spricht man Englisch. Bekannt ist die Metropole für den sogenannten Cockney Dialekt, der vor allem im östlichen Teil der Stadt gesprochen wird. London ist jedoch ein Schmelz-Tiegel der Nationen und insgesamt werden in der Metropole rund 300 verschiedene Sprachen gesprochen. Mit einem Basiswissen an Englisch kommt man in der Stadt jedoch sehr gut über die Runden. Zudem sind die Menschen sehr freundlich, hilfsbereit und höflich. Dadurch stellen Sprachbarrieren kein wirkliches Hindernis dar.

Durch das multikulturelle Flair treffen in London auch unzählige unterschiedliche Religionen aufeinander. Knapp die Hälfte der Einwohner sind Christen und gehören der Anglikanischen Kirche an. Etwa 12 % sind Muslime und die restlichen Einwohner Londons teilen sich in Hindus, Juden, Sikhs und Buddhisten auf. Etwa 20% der Londoner Bevölkerung gehören einer speziellen Religion an und Religion im Gesamten spielt in der Metropole nur eine untergeordnete Rolle.

Auch wenn sich London mehr oder weniger in der EU befindet, so ist die Währung das Pfund. Sie können das Geld bereits in der Heimat vor Reiseantritt wechseln, oder Euro, Dollar und mehr in den Wechselstuben vor Ort umtauschen. Auch können Sie an den ATMs jederzeit Bargeld mit allen gängigen Kreditkarten oder EC-Karten beziehen. Es ist jedoch immer ratsam, die Kurse der einzelnen Wechselstube zu vergleichen. Achtung: Viele Wechselstuben berechnen zusätzlich eine Bearbeitungsgebühr.

Viele Sehenswürdigkeiten, Hotels und Restaurants akzeptieren auch den Euro als Zahlungsmittel. Hier wird jedoch meist ein deutlich schlechterer Wechselkurs verwendet und auch Wechselgeld erhalten Sie nur in den seltensten Fällen in Euro retour. Es ist somit auf jeden Fall zu empfehlen, die Urlaubskasse in Pfund Sterling umzutauschen.

# Die Küche Londons

Auch bei der Küche eilt London nicht der beste Ruf voraus. London ist bekannt für eine Vielfalt an internationalen Spezialitäten und es können in der Metropole Gerichte aus aller Welt genossen werden. Doch auch die einheimische Küche hält so manche Überraschungen bereit und es gibt mehr zu essen als nur Fish and Chips oder Essig-Chips.

Zu den berühmten „Speisen“ zählt auf jeden Fall das English Breakfast, dieses deftige Frühstück wird mit Speck, Eiern, Bohnen, Würstchen, Hash Browns und Black Pudding serviert. So gestärkt können Sie bedenkenlos zu einer ausgedehnten Sightseeing-Tour aufbrechen. Auch lieben die Engländer ihren Sunday Roast und in London werden Sie am Sonntag viele Restaurants finden, die diesen anbieten. Hierbei handelt es sich um herrliche Varianten von Braten vom Rind, Huhn, Lamm oder Schwein, die traditionell mit Kartoffelpüree, Gemüse, Yorkshire Pudding und Sauce serviert werden.

Ein beliebtes Gericht, welches auch an vielen Imbissbuden angeboten wird, ist der Ofenkartoffel. Die sogenannten Jacket Potatoes werden mit vielen verschiedenen Füllungen, häufig mit Bohnen, Käse und Sauerrahm, serviert. Für Naschkatzen und Schleckermäuler hält die Englische Küche Custards, die cremigen Vanillepuddings und Scones bereit. Zu Desserts trinkt man in London natürlich schwarzen Tee - traditionell mit Milch oder Sahne.

Bangers and Mash ist ebenfalls ein beliebtes Gericht. Hierbei handelt es sich simpel um Würstchen mit Kartoffelpüree, die mit Gravy - also einer Sauce- serviert werden. Auch dürfen Pies und Pasties nicht fehlen. Dieses Gebäck aus Blätterteig ist meist pikant gefüllt und eine wahre Spezialität. Sie sollten während der Reise keine Angst vor der englischen Küche haben. Garantiert können Sie in London aber auch wunderbares indisches Curry und herrliches Chicken Masala essen.

# Die Stadtviertel Londons

Jeder Stadtteil Londons besticht mit seinem ganz besonderen Charme. Hier möchten wir Ihnen die schönsten Viertel der Metropole vorstellen und die Highlights in Covent Garden, Notting Hill, Soho, Greenwich, Canary Wharf, South Bank, South Kensington, Westminster, Mayfair, Chelsea und The City verraten.

## The City

The City ist der kleinste Stadtteil Londons, mit den wenigsten Einwohnern, und doch der vielleicht bedeutendste. Hier schlägt immer noch das wirtschaftliche Herz der City und einer der größten Finanzplätze der Welt befindet sich in der City. Die St. Paul`s Cathedral, eine der wichtigsten Kirchen des Landes, sowie die Bank of England, das Museum of London und das legendäre Gerichtsgebäude Old Bailey befinden sich im Stadtteil The City. Auch die London Wall und viele Märkte sind im kleinen Stadtviertel zu finden, ebenso wie neue, imposante Wolkenkratzer, in welchen Banken und Büros untergebracht sind.

## Chelsea

Chelsea gilt als Nobel-Viertel Londons und erstreckt sich zwischen der Themse und dem Sloane Square. Die Hauptstraße des Stadtviertels heißt King`s Road und weist darauf hin, dass auch zu früheren Zeiten hier vorwiegend berühmte Persönlichkeiten gelebt hatten. Hier können Sie toll erhaltene Häuser aus dem 18. Jahrhundert bewundern und auch das National Army Museum und das Chelsea College of Art and Design befinden sich hier. Der Chelsea Physic Garden ist ein Prunkstück der englischen Gartenkunst und wer in der letzten Woche im Mai nach London reist, der sollte sich auf keinen Fall die Chelsea Flower Show entgehen lassen, die hier bereits seit dem Jahr 1913 abgehalten wird.

## Mayfair

Auch dieser Stadtteil ist sehr exklusiv. Mayfair liegt zwischen Soho, dem Hyde Park und St. James und reicht bis zur berühmten Oxford Street. Immer noch besitzen die Grosvenors etwa ein Viertel aller Immobilien in Mayfair. Hier befinden sich hochwertige Boutiquen und Geschäfte, traditionelle Schneider und elegante Läden. Wer an der Savile Road oder der Bond Street einkaufen möchte, der sollte über eine gut gefüllte Brieftasche verfügen, oder die Kreditkarte zum Glühen bringen. Es lohnt sich jedoch, hier einen Schaufensterbummel zu unternehmen, denn nicht selten trifft man hier auf Prominenz. Ein Highlight in Mayfair ist der Shepherd Market. Hier können Sie durch die kleinen, engen Gässchen schlendern und entzückende Geschäfte entdecken.

## Westminster

In diesem Stadtviertel befinden sich viele der bekanntesten Sehenswürdigkeiten Londons. Ob Big Ben, Buckingham Palace, Westminster Abbey oder der St. Jame`s Park, dieses Stadtviertel ist ein absolutes Muss. Seit dem 7. Jahrhundert ist dieses Viertel das spirituelle und politische Herz der Metropole. Unbedingt sollten Sie hier auch zur Downing Street gehen und das berühmte Haus Nummer 10 betrachten, in dem der britische Premierminister wohnt.

## South Kensington

South Kensington ist ein angesagtes und sehr wohlhabendes Viertel Londons. Hier können Sie durch die Straßen schlendern und die beispielhafte Architektur der Gebäude bestaunen, oder in eleganten Boutiquen einkaufen. Viele ruhige Parks laden zum Verweilen ein. Prägend für dieses Viertel ist aber der Viktorianische Baustil. Auf der Exhibition Road finden Sie viele interessante Museen, unter anderem das Geschichts-Museum, das Science Museum oder das Victoria & Albert Museum. Auch die Royal Albert Hall befindet sich in South Kensington. Von hier aus können Sie bequem in den Hyde Park spazieren und den Diana – Princess of Wales- Gedenk-Brunnen besuchen, der sich neben einem magischen Rosengarten und dem Serpentine See befindet.

## Die South Bank

Das Stadtviertel Südufer zählt zum Londoner Stadtzentrum und ist für das London Eye, das gigantische Riesenrad, berühmt. Hier befinden sich auch die Gebäude The Shard und die London City Hall. Ebenfalls sind die Restaurants und Pubs in South Bank immer einen Abstecher wert. Das Southbank Centre ist ein gigantisches Kulturzentrum, in welchem sich unter anderem die Royal Festival Hall und viele Galerien befinden. Auch das Sea Life Centre und die Jubilee Gardens sind absolute Höhepunkte in South Bank.

## Canary Wharf

Im Herzen der Docklands handelt es sich beim Viertel Canary Wharf um ein modernes Geschäftsviertel. Shopping Malls und große Banken sind in diesem wichtigen Finanzzentrum angesiedelt. Den Namen erhielt das Viertel daher, dass sich hier die Docks und Lagerhäuser befanden, von wo aus der

Handel mit den Kanarischen Inseln betrieben wurde. Das Gebiet auf der sogenannten Isle of Dogs ist bequem mit der U-Bahn zu erreichen und bietet eine tolle Kulisse aus Wolkenkratzern und stylischen Bauwerken.

## Greenwich

Dieses Viertel ist für den Greenwich Foot Tunnel, durch den man unter der Themse ins alte Seefahrer- Viertel gelangt, berühmt. Greenwich steht unter dem Schutz der UNESCO und wird als Weltkulturerbe geführt. Bekannt ist Greenwich auch als Null-Meridian. Dieser Meridian verläuft exakt durch das Royal Observatory, welches sich im Park von Greenwich befindet. In Greenwich können Sie auch das alte Segelschiff Cutty Sark besichtigen. Hierbei handelt es sich um ein wirklich tolles Museumsschiff.

## Soho

Soho ist bei Touristen aus dem In- und Ausland das vielleicht beliebteste Viertel Londons. Soho ist bunt und sprüht vor Lebensfreude. Soho liegt zwischen der Oxford Street, der Regent Street, dem Picadilly Circus und der Charing Cross Road und ist ein Viertel mit multikulturellem Charme. Soho wurde als Kulisse von Brechts Dreigroschenoper bekannt und galt stets als Zentrum der Bohemians, der Künstler und Schriftsteller. Die legendäre Carnaby Street war bereits in den 1960-er Jahren das Zentrum des Swinging Londons. In Soho können Sie durch Kneipen ziehen, China Town besuchen oder ausgiebig einkaufen. Soho ist das Zentrum der Club Szene und viele kleine Designer-Läden, bunte Märkte, Musical und Theater sind hier zu finden. Die wichtigste Sehenswürdigkeit ist jedoch der Trafalgar Square mit seiner Neslon`s Column, obwohl dieser bei dem Überangebot in Soho schon leicht untergehen kann.

## Notting Hill

Heutzutage kennt jeder diesen Stadtteil, der durch den gleichnamigen Film mit Julia Roberts und Hugh Grant berühmt wurde. Notting Hill ist ein sehr gepflegtes Stadtviertel und Liebhaber von Antiquitäten zieht es natürlich in die Portobello Road. Hier findet das ganze Jahr hindurch an Samstagen der berühmte Antiquitäten Markt statt. Neben den viktorianischen Villen und den eleganten Boutiquen punktet Notting Hill mit einer hohen Dichte an internationalen Restaurants. Hier können Sie heute in Indien, morgen in Brasilien und am dritten Tag in Thailand oder Persien speisen. Natürlich darf hier auch der Kensington Palast nicht außer Acht gelassen werden. Ein besonderer Höhepunkt jedoch ist der Karneval in Notting Hill. Dieser findet jährlich in der letzten Woche im August statt und lädt mit internationalem Flair ein.

## Covent Garden

Covent Garden gilt als großes Kultur- und Unterhaltungs-Viertel. Hier befindet sich nicht nur das königliche Opernhaus, sondern auch die restaurierte, große Markthalle. Straßenkünstler und Märkte bestimmen das Stadtbild in Covent Garden. Auch einige tolle Museen, wie das London Transport Museum und viele nette Kaffeehäuser befinden sich in diesem charmanten Viertel.

# Die schönsten Plätze in London - Aussichtsplattformen, Parks und mehr

Aussichtspunkte, sogenannte View Points sind perfekt, um die Stadt aus einer neuen, anderen Perspektive zu erleben. In London finden Sie eine Vielzahl an Aussichtspunkten, welche den perfekten Blick auf die Skyline bieten.

## The Monument

Sie gelangen hierher am besten mit der U-Bahn bis Monument oder London Bridge.

Webseite

QR-Code Scannen
und los geht's!

Adresse:
Fish St Hill,
London EC3R 8AH.

Bei „The Monument“ handelt es sich um eine 62 Meter hohe, dorische Säule, an deren Spitze sich eine Aussichtsplattform befindet. 311 Stufen führen zu diesem View Point, die Sie auch sportlich erklimmen müssen, um die Aussicht genießen zu können. Von hier aus erhalten Sie einen tollen Überblick über das Zentrum Londons. Dieses Monument ist die höchste Steinsäule der Welt und erinnert an den großen Brand von 1666.

## Primrose Hill

Am besten gelangen Sie hierher mit der U-Bahn bis Swiss Cottage, Chalk Farm.

Webseite

QR-Code Scannen
und los geht's!

Adresse:
Prince Albert Road oder Primrose Hill Road, London NW3 3AY.

Der Hügel Primrose Hill befindet sich an der nördlichen Seite des Regent`s Park. Das angeschlossene Viertel Primrose Hill ist ein kleines Nobelviertel, in welchem die Reichen und Schönen Londons wohnen. Von diesem kleinen Berg aus erhalten Sie einen atemberaubenden Ausblick auf die Stadt, den Belsize Park und Hampstead Heath. Der Hügel zählt geografisch zum Londoner Stadtteil Camden. Auf den grünen Wiesen können Sie ein typisches englisches Picknick erleben.

## Greenwich Park und das Royal Observatory

Am besten gelangen Sie hierher mit der Docklands Light Railway bis Cutty Sark.

Webseite

QR-Code Scannen
und los geht's!

Adresse:
Blackheath Ave,
London SE10 8XJ.

Von hier aus erhalten Sie eine sagenhafte Sicht auf den Süden Londons, die Themse, Canary Wharf und mehr. Zudem können Sie hier mit je einem Fuß in unterschiedlichen Zeitzonen stehen und im Planetarium Zeit und Raum erkunden.

## Die Tower Bridge

Am besten gelangen Sie hierher mit der U-Bahn bis Tower Hill (circle, district) oder bis Tower Gateway (DLR).

Webseite

QR-Code Scannen
und los geht's!

Adresse:
Tower Bridge Rd,
London SE1 2UP.

Die Tower Bridge, die sich zwischen den zwei Türmen spannt, ist die vielleicht bekannteste Sehenswürdigkeit Londons. Die Fußgängerbrücke befindet sich auf einer Höhe von 42 Metern und die Aussicht ist grandios. Der Bau der Brücke dauerte von 1886 bis 1894. Die Straße, die über die Themse führt, ist Londons wichtigste Verkehrsader. Um das historische Gebäude zu schonen gilt hier jedoch eine Geschwindigkeitsbeschränkung von 30 km/h. Auch heute wird die Brücke noch aufgeklappt, um große Schiffe auf der Themse passieren zu lassen. Das absolute Highlight der Fußgängerbrücke ist der Glasboden. Dieser ist nichts für schwache Nerven - für alle anderen aber ein unvergessliches Erlebnis. Zusätzlich können hier noch ein Museum und das alte Maschinenhaus besichtigt werden.

## Tate Modern: Restaurant & Bar Level 9

Am besten gelangen Sie hierher mit der U-Bahn bis Southwark (Jubilee), St. Paul's (Central) oder Mansion House (District).

Webseite

QR-Code Scannen
und los geht's!

Adresse:
Level 9 Blavatnik Building,
Bankside, London SE1 9TG.

Moderne englische Küche mit internationalen Elementen verbunden, coole Cocktails und eine atemberaubende Aussicht erwarten Sie hier. Dieses Restaurant befindet sich in der Tate Gallery of Modern Art. Das Gebäude besticht mit zeitgenössischer Architektur und durch die Panoramafenster blicken Sie auf die Themse, St. Paul`s und die Millenium Brücke. Das Restaurant ist nicht nur ein Hit nach einem interessanten Besuch in den Museen.

## St. Paul`s Cathedral

Am besten gelangen Sie hierher mit der U-Bahn bis St Paul's (Central) oder Mansion House(Circle, District).

Webseite

QR-Code Scannen
und los geht's!

Adresse:
St. Paul's Churchyard,
London EC4M 8AD.

Die Kathedrale von St. Paul bietet verschiedene Galerien mit toller Aussicht. Die Stone Gallery befindet sich in einer Höhe von 53 Metern, die Golden Gallery befindet sich auf atemberaubenden 85 Metern und auch von der Whispering Gallery auf 30 Metern erleben Sie einen spektakulären Ausblick. Unbedingt sollten Sie auch die Besonderheit der Akustik in der Whispering Gallery testen.

## Die Emirates Airline

Am besten gelangen Sie hierher mit der U-Bahn bis North Greenwich (Jubilee) oder Royal Victoria (DLR).

Webseite

QR-Code Scannen
und los geht's!

Adresse:
Terminals: 27 Western Gateway,
London E16 4FA.
Edmund Halley Way
London SE10 0FR

Hierbei handelt es sich um eine Seilbahn, welche die Themse in einer Höhe von 90 Metern überquert. Sie verbindet die O2 mit den Docklands und eine Fahrt mit der Seilbahn ist ein absolutes Highlight während der London Reise.

## The Shard

Hierher gelangen Sie am besten mit der U-Bahn bis London Bridge (Jubilee).

Webseite

QR-Code Scannen
und los geht's!

Adresse:
32 London Bridge St,
London SE1 9SG.

Bei diesem pyramidenförmigen Gebäude aus Glas handelt es sich um das höchste Gebäude der EU. The Shard fasziniert mit einer Höhe von 310 Metern und bietet eine traumhafte Aussichtsplattform. Alleine die Fahrt mit den Aufzügen, die 6 Meter pro Sekunde zurücklegen, ist ein Abenteuer. The Shard zählt zu den neuen Gebäuden im Quartier London Bridge und wurde erst im Jahre 2012 eröffnet. Falls Sie sich wundern, warum in den Souvenirshops rund um the Shard Füchse in allen Formen und Farben verkauft werden, im Jahr 2011 wurde von Bauarbeitern im 72. Stock des Gebäudes ein Fuchs entdeckt, der sich wie auch immer, hierher verirrt hatte. Er muss sich über lange Zeit von Essensresten der Bauarbeiter ernährt haben, konnte eingefangen, tierärztlich versorgt und freigelassen werden. Der Fuchs jedoch wurde auf den Namen Romeo getauft und gilt als heimliches Maskottchen von The Shard.

## London Eye

Am besten gelangen Sie hierher mit der U-Bahn bis Waterloo (Jubilee, Northern, Bakerloo, Waterloo & City), Westminster (Circle, District, Jubilee) oder Embankment (Circle, District)

Webseite

QR-Code Scannen
und los geht's!

Adresse:
Lambeth,
London SE1 7PB.

**TIPP**

Eine Fahrt in den gläsernen Kabinen dieses Riesenrads ist ebenfalls ein absolutes Muss in London. Das Riesenrad, das auch Millenium Wheel genannt wird, befindet sich schräg gegenüber von Westminster und bietet einen Blick über die Stadtgrenze hinaus. Das Riesenrad hat eine beachtliche Höhe von 134 Metern und eine Runde dauert in etwa 30 Minuten. Wie bei vielen Attraktionen Londons ist es ratsam, die Tickets im Vorfeld online zu kaufen und eine bestimmte Uhrzeit zu buchen. Mit dem Ticket für das London Eye kann auch ein lustiges 4D Kino besucht werden, das sich in der Nähe befindet.

## Die Dachterrasse von One New Change

Am besten gelangen Sie hierher mit der U-Bahn bis St Paul's (Central) oder Mansion House(Circle, District)

Webseite

QR-Code Scannen
und los geht's!

Adresse:
1 New Change,
London EC4M 9AF.

One New Change ist ein Einkaufszentrum, dessen Dachterrasse einen tollen Ausblick bietet. Das Gute an diesem View Point ist, er ist nicht wirklich überlaufen, da sich die Mall etwas abseits der üblichen Touristenpfade befindet.

## Der Aussichtsturm Arcelor Mittal Orbit

Am besten gelangen Sie hierher mit der Bahn bis Stratford (DLR, National Rail, Overground, Central, Jubilee)

Webseite

QR-Code Scannen
und los geht's!

Adresse:
Queen Elizabeth Olympic Park,
5 Thornton Street, London E20 2AD.

Dieser tolle View Point befindet sich in Stratford im Olympiapark. Es handelt sich hierbei um die höchste Skulptur im Vereinigten Königreich und um auf die Aussichtsplattform zu gelangen, fahren Sie mit dem Aufzug, für den Weg nach unten unternehmen Sie eine aufregende Fahrt mit der Rutsche. Adrenalin ist hier garantiert. Die Rutsche ist 178 Meter lang und 12 Biegungen und Schlingen sorgen für den zusätzlichen Kick.

# Highlights und Sehenswürdigkeiten in London

Um so viele Sehenswürdigkeiten als möglich besuchen zu können, sollten Sie auf jeden Fall einige Tage in der Metropole verbringen. Neben den alten und historischen Sehenswürdigkeiten und den Gebäuden der Moderne gibt es in London so viele schöne Plätze, an welchen Sie einfach kurz verweilen müssen, um zum Beispiel die Ruhe der Parks oder das bunte und turbulente Treiben der Straßen einzuatmen.

## The Houses of Parliament und Big Ben

Am besten gelangen Sie hierher mit der U-Bahn bis Westminster (circle, district, jubilee).

Webseite

QR-Code Scannen
und los geht's!

Adresse:
Westminster,
London SW1A 0AA.

Im Glockenturm des Palace of Westminster hängt die berühmte Glocke Big Ben. Sie ist ein Wahrzeichen Londons und beeindruckt mit dem imposanten Gewicht von 13,5 Tonnen. Bei einem Brand im Jahre 1834 brannten große Teile des ursprünglichen Palastes nieder und nur mehr der Jewel Tower aus dem Jahr 1365 und die Westminster Hall aus dem Jahr 1097 konnten erhalten werden. Mit der Westminster Abbey und der Kirche St. Margaret befindet sich dieses Gebäude auf der Liste der UNESCO und wird als Weltkulturerbe geführt. Markant an den Houses of Parliament sind die Türme, von welchen der Victoria Tower mit 98 Metern der höchste ist. Der Central Tower in der Mitte ist 91 Meter hoch und am nordwestlichen Ende des Gebäudes befindet sich der Clock Tower mit der Clock of Westminster und Big Ben. Big Ben ist für sein stündliches Glockenspiel bekannt. Es wird ein Stück aus dem Messias von Georg Friedrich Händel gespielt.

## Der Piccadilly Circus

Hierher gelangen Sie am besten mit der U-Bahn bis Picadilly Circus (Bakerloo, Piccadilly).

Webseite

QR-Code Scannen
und los geht's!

Adresse:
Piccadilly Circus,
London W1B 4DY.

Der Piccadilly Circus ist für die große Reklametafel an der nördlichen Ecke berühmt. Diese ziert wohl die meisten Urlaubsfotos aus London. Ebenfalls sehenswert ist hier der Eros Brunnen. Die Werbeplätze am Piccadilly Circus sind stark begrenzt und dementsprechend beliebt und auch teuer. Die Kreuzung Piccadilly Circus wurde bereits im Jahr 1819 errichtet. Schnell entwickelte sich hier ein wichtiger Verkehrsknotenpunkt. Am Piccadilly Circus befinden sich unter anderem das Criterion Theater und der London Pavillon.

## Der Buckingham Palace

Am besten gelangen Sie hierher mit der U-Bahn bis St James's Park (Circle, District) oder Green Park (Jubilee, Piccadilly, Victoria).

Webseite

QR-Code Scannen
und los geht's!

Adresse:
nahe The Mall,
London SW1A 1AA.

Bei diesem berühmten Palast handelt es sich um die Residenz der englischen Königinnen und Könige. Natürlich ist dieses Wahrzeichen Londons eine der beliebtesten Sehenswürdigkeiten. Beliebt sind Fotos von den Wachgarden, die immer ernst und konzentriert blicken und auch die tägliche Wachablöse ist ein Spektakel. Diese findet im Sommer täglich um 11.30 Uhr statt und im Winter nur alle zwei Tage. Lassen Sie sich vor dem Buckingham Palace auf keinen Fall das Queen Victoria Memorial entgehen. Dieses wird von der goldenen Siegesgöttin markiert. Im Sommer können die Staatsgemächer auch besichtigt werden. Es sollten die Tickets dafür aber bereits im Vorfeld gebucht werden.

## Der Tower of London

Am besten gelangen Sie hierher mit der U-Bahn bis Tower Hill (circle, district), Tower Gateway (DLR), Bahnhof: London Bridge.

Webseite

QR-Code Scannen
und los geht's!

Adresse:
St Katharine's & Wapping
London EC3N 4AB.

Einst fungierte der Tower of London als Waffenkammer, Palast, Gefängnis, Observatorium und als Ort, an welchem die Münzen geprägt wurden. Heute werden im Tower of London die kostbaren Kronjuwelen aufbewahrt. Bereits im Jahr 1078 wurden die ersten Gebäude dieses Komplexes, damals noch aus Holz, errichtet. Unter Heinrich III. erhielt die Festung samt Wassergraben ihre heutige Optik. Bekannte Bewohner des Towers sind auch heute noch die Raben. Diese zogen einst aus Aberglauben ein und sind bis heute geblieben. Im Tower of London sollten Sie unbedingt die Kronjuwelen besichtigen und dürfen sich auch die Waffen- und Rüstungssammlung nicht entgehen lassen.

## St. Paul's Cathedral

Am besten gelangen Sie hierher mit der U-Bahn bis St Paul's (Central), Mansion House(Circle, District).

Webseite

QR-Code Scannen
und los geht's!

Adresse:
St. Paul's Churchyard
London EC4M 8AD.

**TIPP**

Die Kirche, die dem heiligen Paulus geweiht ist, ist bereits die fünfte Kirche, die hier an diesem Ort erbaut wurde. Die erste Holzkirche entstand bereits im Jahr 604 nach Christus. Die Vorgänger-Kathedrale der heutigen Kirche brannte beim großen Brand von 1666 ab. Die heutige Kathedrale wurde danach während einer Bauzeit von 40 Jahren errichtet. In dieser Kirche finden stets die bedeutenden Hochzeiten der Royals statt, die auch im Fernsehen übertragen werden.

## Die Westminster Abtei - Westminster Abbey

Am besten gelangen Sie hierher mit der U-Bahn bis Westminster (Circle, District, Jubilee).

Webseite

QR-Code Scannen
und los geht's!

Adresse:
20 Deans Yd, Westminster
London SW1P 3PA.

In dieser Kirche der britischen Monarchen werden Königinnen und Könige gekrönt und auch beigesetzt. Auch königliche Hochzeiten finden hier statt. Die Kirche besticht mit ihrem markanten anglo-französischen frühgotischen Stil. Sie können hier die Grabstätten von Heinrich III., Maria Stuart und Elisabeth I. besuchen und im Mittelschiff das Grab des unbekannten Soldaten besichtigen. Auch das Westminster Abbey Museum sollten Sie sich nicht entgehen lassen.

## Der Trafalgar Square

Am besten gelangen Sie hierher mit der U-Bahn bis Charing Cross (Bakerloo, Northern).

Webseite

QR-Code Scannen
und los geht's!

Adresse:
Trafalgar Square
London WC2N 5DN.

Die Mitte des Trafalgar Squares wird durch die Statue des britischen Helden Lord Nelson markiert. Dies ist auch die heimliche Mitte Londons. Dieser Platz ist nicht nur eine wichtige Sehenswürdigkeit. Hier können Sie auch einen der berühmten roten Doppeldecker Busse besteigen, oder ein Foto mit unzähligen Tauben schießen, die diesen Platz besiedeln.

## Die Downing Street

Am besten gelangen Sie hierher mit der U-Bahn bis Westminster (Circle, Jubilee, District).

Webseite

QR-Code Scannen
und los geht's!

Adresse:
Downing St
London SW1A 2AA.

Natürlich ist die Straße bekannt für das Haus Nummer 10. Hier wohnt der britische Premierminister. Doch auch viele weitere Regierungsmitglieder bewohnen die legendäre Downing Street. Die Straße wurde bereits im Jahre 1680 von Sir George Downing gebaut. Diese Straße in bequemer Laufentfernung zum Parlament sollte eine erstklassige Wohngegend für wichtige Personen werden. Um die Downing Street betreten zu können, müssen die Besucher eine strenge Sicherheitskontrolle durchlaufen.

## Die City Hall

Am besten gelangen Sie hierher mit der U-Bahn bis London Bridge (Jubilee), Tower Hill (Circle, District).

Webseite

QR-Code Scannen
und los geht's!

Adresse:
The Queen's Walk
London SE1 2AA.

Bei dieser Sehenswürdigkeit handelt es sich um das Rathaus

Londons. Es ist bekannt für seine eigenwillige Optik und viele behaupten, es würde wie ein eingedrücktes Ei aussehen. Das Gebäude wurde von Sir Norman Foster entworfen und im Jahre 2002 eröffnet. Das Rathaus befindet sich am Südufer der Themse und von hier aus haben Sie einen traumhaften Blick auf die Skyline von London. In der City Hall können Sie spannende, wechselnde Ausstellungen besichtigen.

## Die HMS Belfast

Am besten gelangen Sie hierher mit der U-Bahn bis London Bridge (Jubilee), Tower Hill (Circle, District).

Webseite

QR-Code Scannen
und los geht's!

Adresse:
The Queen's Walk
London SE1 2JH.

Bei dieser Sehenswürdigkeit handelt es sich um ein ehemaliges Kriegsschiff, welches 1938 zum ersten Mal zu Wasser gelassen wurde. Das Schiff kam im Zweiten Weltkrieg und in Nordkorea zum Einsatz und ist heute ein Museumsschiff. Einst war die HMS Belfast der größte „Leichte Kreuzer" der Royal Navy. Das Schiff ist 187 Meter lang und verfügt über neun Decks. Vielleicht haben Sie das Schiff bereits in Filmen wie „Harry Potter und der Orden des Phoenix“ oder in „Per Anhalter durch die Galaxie“ gesehen.

## Das Globe Theatre

Am besten gelangen Sie hierher mit der U-Bahn bis South Kensington und weiter mit dem Bus der Linie 23, Bus Linie 344, Bus Linie 4, Bus Linie 63 oder Bus Linie RV1.

Webseite

QR-Code Scannen
und los geht's!

Adresse:
21 New Globe Walk
London SE1 9DT.

Bei diesem Theater handelt es sich um den Nachbau des Theaters, in welchem Shakespeare seine Stücke aufführte. Markant für dieses Theater sind die achteckige Form und der offene Innenhof. Dieser Nachbau des vielleicht berühmtesten Theaters wurde im Jahre 1997 eröffnet. Traditionell ist dieses Theater auch mit einem Strohdach versehen. Ein Strohdach dieser Art war im Jahr 1613 dafür verantwortlich, dass das Theater während einer Vorstellung abbrannte, als eine Kanone in das Dach gefeuert wurde.

# Museen in London

Das Beste an vielen Museen in London ist, sie sind kostenlos. So können Sie einen Regentag in London auch ohne großen finanziellen Aufwand gestalten. Meist wird nur bei Sonderausstellungen und für Wanderausstellungen Eintritt verlangt. Ein weiterer Pluspunkt der Museen in London ist, dass diese für die ganze Familie ausgelegt sind. Hier wird auch für die kleinsten Besucher eine Menge geboten und durch zahlreiche interaktive Elemente begeben Sie sich in den Museen in London in eine neue Dimension der Museumsbesuche. Bildung, Kunst und Kultur müssen längst nicht immer langweilig und trocken sein.

## Madame Tussaud's

Am besten gelangen Sie hierher mit der U-Bahn bis Baker Street (Bakerloo, Circle, Jubilee, Metropolitan, Hammersmith).

Webseite

QR-Code Scannen
und los geht's!

Adresse:
Marylebone Rd, Marylebone
London NW1 5LR.

Das Museum Madame Tussaud's ist das wahrscheinlich beliebteste Museum Londons und bietet Spaß und Unterhaltung für die ganze Familie. Hierbei handelt es sich um das berühmte Wachsfiguren- Museum. Hier können Sie die täuschend echten Wachsfiguren von vielen berühmten Persönlichkeiten aus Geschichte, Politik, Film und Musik bestaunen. Natürlich sind Fotos mit den Figuren der Stars absolut beliebt. Hier stehen Sie den Royals gegenüber und können sich mit mehr als 250 Prominenten fotografieren lassen. Ein Selfie mit Michael Jackson oder Donald Trump? Im Wachsfiguren- Kabinett von Madame Tussaud's kein Problem.

## Das British Museum

Am besten gelangen Sie hierher mit der U-Bahn bis Tottenham Court Road (Central, Northern), Russell Square (Piccadilly).

Webseite

QR-Code Scannen
und los geht's!

Adresse:
Great Russell St, Bloomsbury
London WC1B 3DG.

Das Britische Museum bietet mit über 6 Millionen Exponaten und Objekten eine große Vielfalt und zählt zu den größten Museen für Geschichte und Kultur. Ein besonderer Anziehungspunkt ist auch der mit Glas überdachte Innenhof. Erstmals wurde dieses Museum bereits im Jahr 1759 eröffnet. Highlights im British Museum sind die ägyptischen Mumien, die asiatische Sektion und die japanische Galerie. Das Museum bietet Spaß und Unterhaltung für die gesamte Familie.

## Das Tate Modern - Tate Gallery

Am besten gelangen Sie hierher mit der U-Bahn bis Southwark (Jubilee), St. Paul's (Central), Mansion House (District).

Webseite

Adresse:
Bankside
London, SE1.

QR-Code Scannen
und los geht's!

**TIPP** Diese Sehenswürdigkeit wurde bereits als fantastischer Aussichtspunkt erwähnt. Es handelt sich hier jedoch auch um eines der beliebtesten Museen für moderne Kunst weltweit. Das Museum hat jeden Tag von 10:00 Uhr bis 18:00 Uhr geöffnet und bietet den Besuchern an Freitagen und Samstagen sogar Zutritt bis 22:00 Uhr.

Im ehemaligen Kraftwerk Bankside Power Station ist heute eine beeindruckende Sammlung an internationaler, zeitgenössischer und surrealistischer Kunst untergebracht. Auch die temporären Ausstellungen sind stets etwas Besonderes. Lediglich bei speziellen Ausstellungen ist in diesem Museum Eintritt zu bezahlen. Die Tate Galerie an sich ist kostenlos zugänglich. Ein besonderes Highlight ist die Live- und Performance-Kunst in der Abteilung „The Tanks" und auch die imposanten Skulpturen in der Turbinenhalle sollten Sie sich nicht entgehen lassen.

## Das Naturhistorische Museum - Natural History Museum

Am besten gelangen Sie hierher mit der U-Bahn bis South Kensington oder mit dem Zug bis Victoria/Paddington.

Webseite

QR-Code Scannen
und los geht's!

Adresse:
Cromwell Road
London SW7 5BD.

Das Museum mit der großen Dinosaurier- Ausstellung und der Säugetier- Abteilung bietet Spaß und Spannung für die ganze Familie. Ein weiteres Highlight ist das Skelett eines Blauwals und auch die Möglichkeit, den Forschern über die Schultern zu blicken, ist einmalig.

## Das Science Museum

Am besten gelangen Sie hierher mit der U-Bahn bis South Kensington oder mit dem Zug bis Picadilly Circle.

Webseite

QR-Code Scannen
und los geht's!

Adresse:
Exhibition Road
London SW7 2DD.

Von interessanten Themen rund um die Raumfahrt bis hin zur atemberaubenden Funktion der Gehirne werden in diesem wissenschaftlichen Museum viele spannende Punkte behandelt. Auch das Imax Cinema sollten Sie sich hier nicht entgehen lassen.

## Das Victoria und Albert Museum

Am besten gelangen Sie hierher mit der U-Bahn bis South Kensington, oder mit dem Knightsbridge Train

Webseite

QR-Code Scannen
und los geht's!

Adresse:
Cromwell Road South Kensington
London SW7 2RL.

Das Victoria & Albert Museum ist ein tolles Museum rund um Kunst und Design. Hier werden alle erdenklichen Objekte aus aller Welt ausgestellt, die sich mit diesen Themen befassen. Keramik, Möbel, Mode, Glas, Schmuck, Fotografie, Bildhauerei, Textilien und Gemälde sind nur einige der Objekte, die Sie hier bestaunen können. Ein Highlight ist garantiert die Frida Kahlo- Ausstellung.

## Das Museum of London

Am besten gelangen Sie hierher mit der U-Bahn bis St Pauls, Barbican oder Moorgate.

Webseite

QR-Code Scannen
und los geht's!

Adresse:
150 London Wall
London EC2Y 5HN.

Dieses Museum ist ein Muss für alle, die mehr über die Geschichte Londons erfahren möchten. Reisen Sie hier vom prähistorischen London über das Mittelalter in das neue, moderne London.

## Die Wallace Collection

Am besten gelangen Sie hierher mit der U-Bahn bis Bond Street, Baker Street oder mit den Zug bis zur Marylebone Station.

Webseite

QR-Code Scannen
und los geht's!

Adresse:
Manchester Square
London, WC1.

Diese kleine aber feine Galerie ist ein Muss für alle, die Kunst aus dem 18. Jahrhundert lieben. Hier können Sie eine beachtliche Sammlung von Werken der Künstler Tizian, Rembrandt, Hals und Velàsquez bestaunen.

## Das Royal Air Force Museum

Am besten gelangen Sie hierher mit der U-Bahn bis Colindale oder mit dem Zug bis zur Station Mill Hill Broadway.

Webseite

QR-Code Scannen
und los geht's!

Adresse:
Grahame Park Way
London NW9 5LL.

Erleben Sie viel Wissenswertes über die Geschichte der Luftfahrt.

## Das Museum of London Docklands

Am besten gelangen Sie hierher mit der U-Bahn bis Canary Wharf.

Webseite

QR-Code Scannen
und los geht's!

Adresse:
No.1 Warehouse, Hertsmere Rd
Canary Wharf, London E14 4AL.

Dieses interaktive Museum entführt Sie auf eine Reise in das London des 19. Jahrhunderts. Erleben Sie viel Spannendes und erfahren Sie über das Leben in einer der größten Hafenstädte vergangener Zeiten.

## Die Nationalbibliothek - British Library

Am besten gelangen Sie hierher mit der U-Bahn bis King's Cross oder mit dem Zug bis zu den Stationen Euston, King's Cross oder St. Pancras.

Webseite

QR-Code Scannen
und los geht's!

Adresse:
96 Euston Rd
London NW1 2DB.

In der Nationalbibliothek in London können Sie einige der wertvollsten, literarischen Schätze der Welt bestaunen. Das Skizzenbuch Leonardo da Vincis ist hier ebenso ausgestellt wie die ersten Entwürfe der Stücke Shakespeares.

# Märkte und Parks in London

Ob Sie nach Antiquitäten, fetziger Second-hand Kleidung, Einzelstücken junger Designer, Souvenirs oder Kunsthandwerk suchen, auf Londons bunten und quirligen Märkten werden Sie garantiert fündig. Im Anschluss an einen erfolgreichen Tag mit Sightseeing und mehr, lässt es sich in einem der vielen Parks der City wunderbar entspannen. Nicht umsonst haben die englischen Gärten einen so guten Ruf, Sie werden hier atemberaubend gestaltete Gartenanlagen bestaunen können.

## Camden Markets

Am besten gelangen Sie hierher mit der U-Bahn bis Camden Town Station.

Webseite

QR-Code Scannen
und los geht's!

Adresse:
Camden High St, Camden Town
London NW1 7BU.

Entlang des Regent`s Canals begann die Erfolgsgeschichte der Camden Markets. Mittlerweile versteht man darunter den Zusammenschluss unzähliger Märkte, die sich an der Camden High Street im Londoner Bezirk Camden Town befinden. Pro Woche werden die beliebten Märkte von etwa einer halben Million Menschen besucht. Besucher aus dem In- und Ausland sowie Einheimische lieben das Angebot aus Streetfood, Fashion, Möbel, Accessoires und mehr. Wer es sich einrichten kann, sollte Camden Market vielleicht nicht unbedingt an einem Sonntag besuchen - an diesem Tag ist der Andrang am stärksten. Unter der Woche haben jedoch nicht immer alle Stände geöffnet. Es gilt zu entscheiden, ob man sich durch das sonntägliche Gewusel drängen möchte.

**TIPP**

Ein wichtiger Tipp: Unbedingt Bargeld mitbringen, denn nur in den wenigsten Läden kann mit Kreditkarte oder EC-Karte bezahlt werden. Es befinden sich zwar viele ATM`s entlang des Marktes - meist bilden sich jedoch davor lange Schlangen.

## Camden Town und Camden High Street

Dies ist das bunte Viertel der Künstler und Musiker. Die bekannte Sängerin Amy Winehouse stammte aus diesem Viertel und am Camden Stabels Market kann man sogar eine Statue ihr zu Ehren bestaunen. Natürlich ist auch das Nachtleben hier dementsprechend aktiv und pulsierend. Die Fassaden sind bunt und das Publikum ebenso. Hier treffen Sie auf Punks und Gothics und Menschen kleiden sich nach Lust und Laune im Vintage-Stil oder in trendiger Street-Wear.

## Der Camden Lock Market

Dies ist der eigentliche und zentrale Markt. Wenn Sie auf der Suche nach Bekleidung sind, egal ob Second-hand, Vintage oder Gothic - hier sind Sie absolut richtig. Auch Bücher, Spiele, Schmuck und mehr sind hier zu finden. Wer vom Einkaufen und Bummeln hungrig geworden ist, der sollte sich zum Kanal begeben. Hier befinden sich die vielen Food-Stalls mit Spezialitäten aus aller Welt. Die Preise hier sind zudem für Londoner Verhältnisse absolut günstig.

## Camden Stables Market

Der Camden Stables Market ist, wie der Name vermuten lässt, in alten, viktorianischen Pferdeställen entstanden. Viele Pferdestatuen erinnern noch heute an die Vergangenheit. Hier können Sie in mehr als 500 Geschäften einkaufen. Vorwiegend werden Sie hier Vintage Bekleidung und Schmuck finden. Natürlich kommt auch hier das leibliche Wohl nicht zu kurz und an vielen Ständen werden Köstlichkeiten aus aller Welt angeboten.

## Der Camden Canal Market

Dieser Abschnitt des Marktes ist für besonders ausgefallene Mode bekannt. Dieser Markt findet allerdings nur von Freitag bis Sonntag statt. Wer jedoch auf der Suche nach schrillen, angesagten und ausgefallenen Outfits ist, der darf sich diesen Teil des Marktes nicht entgehen lassen.

## Der Electric Ballroom

In den Räumen des Electric Ballrooms wird dieser Markt abgehalten. Wo sich nachts ein angesagter Club befindet, können Sie tagsüber tolle Schnäppchen rund um Musik, Film und Fernsehen ergattern.

## Die Inverness Street

Etwas beschaulicher geht es in der Inverness Street zu. Hier finden Sie viele Marktstände mit frischem Obst und Gemüse. Auch Kleidung, Souvenirs und Snacks werden hier angeboten. Abends verwandelt sich diese Straße in eine aufregende Partymeile.

## Der Buck Street Market

Dieser befindet sich gegenüber der Inverness Street. Hier gibt es hauptsächlich Mode und Schmuck zu kaufen und das Angebot ist etwas dünner als in den anderen Bereichen des Camden Markets.

## Der Covent Garden Market in London

Am besten gelangen Sie hierher mit der U-Bahn bis Covent Garden.

Webseite

QR-Code Scannen
und los geht's!

Adresse:
The Market Bldg, 41
London WC2E 8RF.

Dieser Markt befindet sich im Herzen der Innenstadt. Aus einem schlichten Lebensmittelmarkt hat sich dieser vielseitige und facettenreiche Markt gebildet. Ein Highlight ist hier der sogenannte Apple Market, der Markt für Kunsthandwerk. Neben den vielen Shops und Ständen in der riesigen Markthalle sorgen hier auch Straßenmusiker und Künstler für Unterhaltung. Natürlich dürfen auch die obligatorischen Kaffeehäuser, Restaurants, Pubs und Bars nicht fehlen. Für einen Besuch in Covent Garden sollten Sie jedoch einige Stunden einplanen. Der Markt hat von Montag bis Sonntag von 10:00 Uhr bis 18:00 Uhr geöffnet.

# Die schönsten Parks

## Der Hyde Park

Am besten gelangen Sie hierher mit der U-Bahn bis Marble Arch, Lancaster Gate, Queensway (Central), Hyde Park Corner oder Knightsbridge (Piccadilly), Bayswater (Circle, District)

Webseite

QR-Code Scannen
und los geht's!

Adresse:
Hyde Park, Westminster,
London W2 2UH.

Der Hyde Park befindet sich im Zentrum der Metropole und zählt zu den königlichen Parks Londons. Der Serpentine Lake lädt zum Entspannen oder Bootfahren ein und wer möchte, kann hier im Schatten der Bäume seine Jogging-Runden absolvieren. Im Hyde Park befinden sich eine Pferdereitbahn und eine Bowlinganlage. Natürlich ist der Park beliebt für ein echtes, englisches Picknick. Auf jeden Fall sollten Sie hier die Peter Pan Statue, den Gedenkbrunnen an Prinzessin Diana und den Speaker`s Corner aufsuchen. Jeder kann hier seine Redefreiheit zelebrieren, vorausgesetzt die Queen und die königliche Familie sind nicht Teil der Rede.

## Der St. James's Park

Am besten gelangen Sie hierher mit der U-Bahn bis St. James's Park (Circle, District).

Webseite

QR-Code Scannen
und los geht's!

Adresse:
Birdcage Walk,
London SW1A 2B.

Dieser Park ist der älteste der königlichen Parkanlagen Londons. Markant ist der Park für seinen See mit den zwei Inseln, Duck Island und West Island. Dieser Park ist eine idyllische Oase der Ruhe und bietet einen guten Blick auf das London Eye und den Buckingham Palace.

Neben vielen weiteren Parks, wie dem Green Park und Kensington Gardens, können Sie in London auch zahlreiche Themenparks finden. Zu den aufregendsten Themenparks zählen:

- The London Dungeon
- Shrek's Adventure! London
- KidZania London
- Derren Brown's Ghost Train at Thorpe Park

- London Bridge Experience
- LEGOLAND Windsor
- Go Ape Battersea
- Go Ape Cockfosters, Trent Park
- Chessington World of Adventures
- Thorpe Park

# Gastronomie in London - Hotels, Kaffeehäuser, Pubs, Restaurants und Nightlife

## Hotels in London

So vielfältig die Metropole ist, so facettenreich ist auch das Angebot an Hotels, Pensionen und günstigen Bed & Breakfasts. Hier können Sie zwischen hochpreisigen Unterkünften und Pensionen für den kleinen Geldbeutel wählen.

## Das Mandarin Oriental Hyde Park

Sie erreichen das Hotel am besten mit der U-Bahn bis Knightsbridge.

Webseite

QR-Code Scannen
und los geht's!

Adresse:
66 Knightsbridge,
London SW1X 7LA.

Dieses Luxushotel bietet einen tollen Blick auf den Hyde Park und ist nur eine knappe Gehminute von der U-Bahn entfernt. Das Hotel ist perfekt für alle, die den gewohnt hohen Standard der asiatischen Hotelkette lieben.

## Das Bulgari Hotel London

Sie erreichen das Hotel am besten mit der U-Bahn bis Knightsbridge.

Webseite

QR-Code Scannen
und los geht's!

Adresse:
171 Knightsbridge,
London SW7 1DW.

Das luxuriöse Hotel liegt unmittelbar neben dem berühmten Kaufhaus Harrods und ist auch nur wenige Gehminuten vom Victoria and Albert Museum entfernt. Die Zimmer sind hochwertig und elegant eingerichtet und das italienische Restaurant verspricht Gaumenfreude pur.

## The Principal London

Sie erreichen das Hotel am besten mit der U-Bahn bis Russell Square.

Webseite

QR-Code Scannen
und los geht's!

Adresse:
1-8 Russell Square, Bloomsbury,
London WC1B 5BE.

Das Hotel befindet sich in einem imposanten, viktorianischen Gebäude und vermittelt perfekt den Lebensstil der Londoner High Society aus alten Tagen. Die Zimmer sind hochwertig und geschmackvoll eingerichtet und alle öffentlichen Räume zieren Marmorsäulen.

## Hampton by Hilton London Waterloo

Sie erreichen das Hotel am besten mit der U-Bahn bis zu den Stationen Lambeth Nord oder Southwark, oder mit der Bahn bos Waterloo.

Webseite

QR-Code Scannen
und los geht's!

Adresse:
157 Waterloo Road,
London SE1 8XA.

Das Hotel entspricht den gewohnte Hilton Standards, ist hell, freundlich und komfortabel eingerichtet und überzeugt mit einer Distanz von nur 5 Gehminuten zum Bahnhof Waterloo.

## Z Hotel Soho

Sie erreichen das Hotel am besten mit der U-Bahn bis Leicester Square oder Tottenham Court Road.

Webseite

QR-Code Scannen
und los geht's!

Adresse:
17 Moor Street,
London W1D 5AP.

Dieses Hotel fällt unter die Kategorie „Coole Hotels in London". Es befindet sich im trendigen Stadtteil Soho und besteht aus zwölf traditionellen Reihenhäusern, welche über eine Wendeltreppe und Außengänge miteinander verbunden sind. Ein weiteres Highlight sind die besonderen handgefertigten Betten.

## Hazlitt's Hotel

Sie erreichen das Hotel am besten mit der U-Bahn bis Tottenham Court Road.

Webseite

QR-Code Scannen
und los geht's!

Adresse:
6 Frith Street,
London W1D 3JA.

Das Hotel besticht mit edlen, nostalgisch eingerichteten Zimmern, die an den Schriftsteller aus dem 18. Jahrhundert erinnern, nach welchem das Hotel benannt ist. Das chice Boutique Hotel im pulsierenden Stadtviertel Soho ist in drei Stadthäusern untergebracht. Sobald Sie das Hotel betreten, begeben Sie sich auf eine Zeitreise in die viktorianische Ära. Dabei müssen Sie allerdings in keinster Weise auf die Annehmlichkeiten und den Luxus der heutigen Zeit verzichten.

## Das Sanderson Hotel

Sie erreichen das Hotel am besten mit der U-Bahn bis Tottenham Court Road oder Oxford Circus.

Webseite

QR-Code Scannen
und los geht's!

Adresse:
50 Berners Street,
London W1T 3NG.

Das Hotel befindet sich im Herzen der Stadt und ist dennoch meilenweit entfernt. Es handelt sich hier um ein fantasievolles Design-Hotel und der Designer Phillippe Starck entführt Sie auf eine trendige, aber auch luxuriöse Reise in die Welt der Fantasie.

## The London Edition

Am besten erreichen Sie das Hotel mit der U-Bahn bis Tottenham Court Road.

Webseite

QR-Code Scannen
und los geht's!

Adresse:
10 Berners St, Fitzrovia,
London W1T 3NP.

Das Besondere an diesem 5-Sterne Hotel ist, keines der 173 Zimmer gleicht dem anderen. Im gesamten Hotel erleben Sie Individualität pur und modernes Ambiente. Die Wände werden von Fotografien des Künstlers Hendrik Kerstens geziert und in der Berners Taverne werden Sie von Spezialitäten des Michelin-Sternekochs Jason Atherton verwöhnt.

## Das Town Hall Hotel and Apartments

Am besten erreichen Sie das Hotel mit der U-Bahn bis Bethnal Green.

Webseite

QR-Code Scannen
und los geht's!

Adresse:
Patriot Square Bethnal Green,
London E2 9NF.

In diesem Hotel genießen Sie den Service eines 5-Sterne Hotels und wohnen in einem chicen Designer Appartement im Londoner East End. Relaxen Sie am Pool oder in der coolen Bar Peg & Patriot bei einem Cocktail.

## Das Ham Yard Hotel

Am besten gelangen Sie in das Hotel mit der U-Bahn bis Pcca-dilly Circus.

Webseite

QR-Code Scannen
und los geht's!

Adresse:
1 Ham Yard, Soho,
London W1D 7DT.

Das Ham Yard Hotel, welches nur zwei Gehminuten vom Piccadilly Circus entfernt liegt, besticht mit raumhohen Panoramafenstern und einem atemberaubenden Ausblick auf die City. Auch die Bowlingbahn im Stil der 1950-er Jahre, die Hypoxie Kammer, das Kino, der Fitness Raum und die schöne Dachterrasse sind zusätzliche, tolle Möglichkeiten, um den Tag gemütlich ausklingen zu lassen.

## Das Melia White House

Sie erreichen das Hotel am besten mit der U-Bahn bis Great Portland Street.

Webseite

QR-Code Scannen
und los geht's!

Adresse:
Albany St,
London NW1 3UP.

Dieses Hotel ist eine perfekte Unterkunft für Reisen mit der ganzen Familie. Besonders die kleinen Gäste stehen hier absolut im Mittelpunkt. Kinder haben hier einen eigenen Check-in Bereich, erhalten tolle Überraschungen, wie Cookies und Eis-Gutscheine, und die Familienzimmer sind für zwei Erwachsene und zwei Kinder ausgerichtet. Auch viele Aktivitäten im Hotel sind eigens auf die Bedürfnisse der Kinder zugeschnitten.

## Günstige Hotelketten in London

In London finden Sie auch internationale Hotelketten, die für ein tolles Preis- Leistungsverhältnis bekannt sind. Dazu zählen:

- Holiday Inn
- Ibis
- Premier Inn
- Travelodge
- Easy Hotel
- Tune Hotels

Diese Hotels verfügen in London über mehrere Dependancen und sind meist strategisch gut in der Nähe der bekannten Sehenswürdigkeiten und neben U-Bahn Stationen zu finden.

# Kaffeehäuser in London

Ein Kaffeehaus ist ideal für den kleinen Hunger zwischendurch. Neben Kaffee und Kuchen bekommen Sie hier auch meist kleine Snacks und leckere Sandwiches.

## Andronicas Coffee

Am besten gelangen Sie hierher mit der U-Bahn bis Covent Garden.

Webseite

QR-Code Scannen
und los geht's!

Adresse:
The Market At Covent Garden
27B The Piazza, Covent Garden,
London, WC2E 8RE.

Dieses Kaffeehaus befindet sich an der Ecke des Covent Garden Marktes und ist besonders an warmen Sommertagen sehr beliebt, da es über eine kleine Terrasse im Freien verfügt. Das Kaffeehaus ist auch für den herrlichen Kaffee berühmt und wird vom Kaffee-Spezialisten Andrew Knight geführt.

Hier können Sie aus über 50 verschiedenen Bohnensorten und Röstungen auswählen, die stets frisch gemahlen werden.

## Paul´s Bäckerei & Café

Am besten gelangen Sie hierher mit der U-Bahn bis Covent Garden.

Das Kaffeehaus liegt in der Bedford Street.

Das Café punktet mit einem riesigen Angebot an hausgemachtem Brot, Crêpes, Patisserien, Kuchen und Torten. Auch kleine Mahlzeiten werden angeboten und es ist erholsam, in diesem netten Kaffeehaus zu sitzen, und das bunte Markttreiben zu beobachten.

## Leila's

Sie erreichen das Kaffeehaus am besten mit der Bahn bis Shoreditch High Street.

Adresse:
17 Calvert Avenue,
London E2 7JP.

Dieses Kaffeehaus ist eines der besten in London und ist für die großen Tische berühmt, an denen man gemütlich mit Fremden zusammen sitzt. Im angeschlossenen kleinen Laden werden Kaffeebohnen, aromatischer Tee und vieles mehr verkauft. Das Leila`s ist auch für besonders leckere Kuchen und Torten, und kleine aber feine Mahlzeiten bekannt.

## Die Kaffeehaus-Kette Fernandez & Wells

Diese Kaffeehauskette hat mehrere Filialen, die in ganz London verstreut sind.

Webseite

Jede einzelne Filiale ist gemütlich eingerichtet und lädt bei warmen Temperaturen zum Sitzen im Freien ein. Der Kaffee ist großartig und die hausgemachten Kuchen und Torten schmecken atemberaubend. Auch ist das Fernandez & Wells berühmt für seinen legendären Black Pudding.

## Das Nude Espresso

Dieses Kaffeehaus hat mehrere Locations und Filialen sind in der 26 Hanbury Street, London E1 6QR, in der 8 Bell Lane, London E1 7LA und in der 4 Market Street, London E1 6DT zu finden.

Webseite

Hier wird ausgezeichneter Kaffee serviert. Dieser kommt nicht nur als Espresso, sondern auch als sogenannter Drip-coffee auf den Tisch. Auch aromatische Bohnen verschiedener Röstungen werden hier verkauft. Die Filialen sind modern, schlicht und sehr puristisch, jedoch warm eingerichtet. Neben Kuchen und Torten gibt es auch kleine Snacks, Sandwiches, Salate und mehr. Das Nude Espresso ist in der Filiale in der Hanbury Street für den täglichen Brunch bekannt, der bis 14:30 serviert wird.

## Das E Pellicci

Sie gelangen hierher am besten mit der U-Bahn bis Bethnal Green.

Webseite

QR-Code Scannen
und los geht's!

Adresse:
332 Bethnal Green Rd,
London E2 0AG.

Das klassische und traditionsreiche Kaffeehaus, das seit dem Jahre 1900 hier geführt wird, besticht durch sein angenehmes Ambiente, und ist eine richtige Oase der Ruhe. In diesem Kaffeehaus im Osten Londons werden Frühstück, Lunch, Pasta, Sandwiches und Desserts, wie zum Beispiel Tiramisu und Apple Crumble, serviert. Ein Highlight ist der starke und cremige Affogato.

## Drink Shop Do

Sie erreichen das Kaffeehaus am besten mit der U-Bahn bis King`s Cross St. Pancras.

Webseite

QR-Code Scannen
und los geht's!

Adresse:
9 Caledonian Road,, Kings Cross,
London N1 9AL.

Das Kaffeehaus besticht mit einem sehr modernen Flair. Es handelt sich um ein sogenanntes Art Cafe, das sich an den Wochenenden nachts in einen stylischen Club verwandelt. Die Einrichtung ist gemischt mit neuen und alten Elementen und kunstvoller Dekoration, die von den Decken hängt. Das DSD ist auch bekannt für seine große Auswahl an vegetarischen, veganen und glutenfreien Gerichten. Im Großen und Ganzen ist das DSD ein Hipster Cafe mit sehr viel Flair.

# Die besten Pubs in London

Neben der Queen und dem Tower ist London vor allem für die großartige Pub-Kultur bekannt. Pubs sind traditionell und mit viel Geschichte verbunden. Ein richtiges Pub vermittelt auch heute noch den Charme alter Tage, an welchen es vorwiegend Damen aus dem Rotlicht, Boxer und trinkende Künstler und Schriftsteller in die Pubs zog. In beinahe jedem Pub kreist auch heute noch der Geist einer armen Seele, auch wenn sich viele Public Houses mit der Zeit in Hipster Lokale verwandelt haben. Das Ambiente ist jedoch auch hier immer gemütlich und ganz wichtig, das Bier fließt in Mengen.

Viele Pubs praktizieren immer noch die Last Order, mit der die Sperrstunde eingeläutet wird. Auch gibt es immer noch Pubs, die außer Vinegar Chips kaum Snacks anbieten, doch in vielen Londoner Pubs können Sie heutzutage ganz wunderbar essen.

## Ye Olde Mitre Tavern

Am besten gelangen Sie hierher mit der U-Bahn bis Chancery Lane und folgen anschließend den engen Gässchen.

Webseite

QR-Code Scannen
und los geht's!

Adresse:
1 Ely Pl,
London EC1N 6SJ.

Das Pub befindet sich in einem denkmalgeschützten Haus. Das Lokal besticht mit viel Flair und dem Geist alter Tage. Seit mehr als 400 Jahren wird hier an Gäste Bier in Pints ausgeschenkt. Sehr charmant ist auch der Außenbereich mit den hölzernen Fässern in der engen Gasse. Die Ye Olde Mitre Tavern ist ein Muss für alle, die ein typisches und traditionelles Pub besuchen möchten.

## Lamb & Flag

Sie erreichen das Pub am besten mit der U-Bahn bis Covent Garden oder Leicester Square.

Webseite

QR-Code Scannen
und los geht's!

Adresse:
33 Rose Street Covent Garden
London WC2E 9EB.

Bei diesem Pub handelt es sich um ein traditionelles Londoner Pub, in welchem vor 200 Jahren noch die traditionellen Bare-Knuckle Boxkämpfe aufgeführt wurden. Auch erzählt man hier gerne, dass bereits Charles Dickens in diesem schönen Tudor Gebäude sein Pint getrunken hat. Charmant ist das Lamb & Flag auf jeden Fall und zudem wird hier zu den vielen Biersorten richtig leckeres Pub-Food serviert.

## Ye Olde Cheshire Cheese

Am besten gelangen Sie hierher mit der Bahn bis Blackfriars Station.

Webseite

QR-Code Scannen
und los geht's!

Adresse:
145 Fleet St,
London EC4A 2BU.

Bei diesem Pub handelt es sich um das vielleicht älteste Pub Londons, denn es wurde kurz nach dem großen Brand von 1666 erbaut. Es befindet sich in einem denkmalgeschützten Haus am Wine Office Court. Markant sind die vielen Nischen und Durchgänge, die typisch für ein Pub aus vergangener Zeit sind.

## The George Inn

Am besten gelangen Sie hierher mit der U-Bahn bis Tower Bridge.

Webseite

QR-Code Scannen
und los geht's!

Adresse:
The George Inn Yard, 77 Borough High St, London SE1 1NH.

Dieses Pub ist für seinen gemütlichen Innenhof bekannt. Zudem ist es das letzte Pub, welches noch eine Galerie besitzt. Auf Galerien wie dieser soll bereits Shakespeare sein Bier getrunken haben.

## Das Spaniards Inn

Sie gelangen hierher am besten mit der U-Bahn bis Highgate.

Webseite

QR-Code Scannen
und los geht's!

Adresse:
Spaniards Road, Hampstead, London NW3 7JJ.

Hier handelt es sich um ein historisches Pub. Dieses Pub besticht nicht nur mit gemütlichem Ambiente, sondern auch mit vielen Geschichten, die sich um das Lokal ranken. Charles Dickens hat dieses Pub in seinem Roman „The Pickwicks" verewigt und der bekannte Straßenräuber Englands, Richard „Dick" Turpin, soll hier der Legende nach sein Handwerk gelernt haben. In diesem Pub werden nicht nur ausgezeichnete Craft Biere und Wein, sondern auch ausgezeichnetes Essen serviert.

## The Mayflower

Sie erreichen das Pub am besten mit der Bahn bis Rotherhite.

Webseite

QR-Code Scannen
und los geht's!

Adresse:
117 Rotherhithe St,
London SE16 4NF.

Dieses 1550 erbaute Pub ist eines der ältesten Bierlokale an der Themse und besticht mit rustikalem, aber sehr gemütlichem Charme. Immer noch ist hier die Anwesenheit der einstigen Seemänner und Piraten zu spüren. Wer von einigen Bieren hungrig wird, der sollte in den ersten Stock gehen. Hier befindet sich ein sehr schönes, wenn auch etwas hochpreisiges Restaurant.

## The Newman Arms

Hierher gelangen Sie am besten mit der U-Bahn bis Goodge Street.

Webseite

QR-Code Scannen
und los geht's!

Adresse:
23 Rathbone St, Fitzrovia,
London W1T 1NG.

Auch dieses Pub aus dem Jahre 1730 hat eine lange und spannende Geschichte. Hier befand sich einst ein Bordell und das

Gebäude wurde auch als Schmiede genutzt. Dieses Pub verführt mit viel traditionellem Charme und soll auch George Orwell für sein Werk „1984“ als Vorlage gedient haben. Sie können zwischen einer großen Auswahl an Biersorten und einer großen Speisekarte wählen.

## The Harp

Am besten gelangen Sie hierher mit der U-Bahn bis Covent Garden.

Webseite

QR-Code Scannen
und los geht's!

Adresse:
47 Chandos Pl,
London WC2N 4HS.

Zu Recht zählt dieses Pub zu den beliebtesten in ganz London. Das Angebot an Bieren und Cider ist enorm und auch das Pub-Food ist exzellent. The Harp ist vor allem für die himmlischen Hot Dogs berühmt.

# Die besten Restaurants in London

Neben den vielen Pubs bietet London eine Vielzahl an Restaurants. Neben der englischen Küche, die garantiert besser ist als ihr Ruf, finden Sie hier Restaurants aus aller Welt und können sich in London auf eine kulinarische Weltreise begeben. Auch beim Warten auf einen Tisch im Restaurant beweisen die Londoner absolute Disziplin. Hier hat niemand ein Problem damit, sich für einen begehrten Tisch im angesagten Restaurant anzustellen und bis zu einer Stunde zu warten. Engländer sind für das Queuing berühmt. Es gehört zum guten Ton und Vordrängeln wird hier überhaupt nicht gerne gesehen. Normale Restaurants finden Sie in London an jeder Straßenecke. Hier möchten wir Ihnen einige besondere Lokale vorstellen, die Sie in dieser Form vielleicht nicht überall finden. Gönnen Sie sich während des Aufenthalts in der pulsierenden Metropole doch auch ein Restaurant-Erlebnis der anderen Art.

## Dinner by Heston Blumenthal

Am besten gelangen Sie hierher mit der Knightsbridge Railway bis Station Victoria/ Paddington.

Webseite

Adresse:
Mandarin Oriental Hyde Park 66
Knightsbridge, London SW1X 7LA.

QR-Code Scannen
und los geht's!

Viele kennen Heston Blumenthal vielleicht aus dem TV, wo er mit seinen ungewöhnlichen und experimentellen Kreationen verführt. Der mit zwei Michelin Sternen ausgezeichnete Koch erfindet traditionelle Gerichte neu, verbindet unterschiedliche Zubereitungsarten und zaubert wahrhaftig am Herd.

## Das Trader Vic`s London

Am besten gelangen Sie hierher mit der U-Bahn bis Green Park oder Hyde Park Corner.

Webseite

Adresse:
22 Park Ln, Mayfair,
London W1K 1BE.

QR-Code Scannen
und los geht's!

In diesem Lokal begeben Sie sich auf eine Reise in die Südsee. Fingerfood, vitaminreiche Salate, pikante Suppen, Steak,

Fisch und Meeresfrüchte stehen hier auf der Karte und auf keinen Fall dürfen Sie sich hier einen leckeren Cocktail wie den Mai Tai entgehen lassen, der es in sich hat.

## Bubba Gump Shrimp Co.

Am besten gelangen Sie hierher mit der Metro bis Piccadilly Circus.

Webseite

QR-Code Scannen
und los geht's!

Adresse:
13 Coventry St,
London W1D 7AB.

Der Film Forrest Gump hat diesem Lokal den Namen verliehen, in welchem Shrimps in allen Varianten serviert werden. Fish und Chips auf eine etwas andere Art kommen hier auf den Tisch, ebenso wie Gerichte im Südstaaten-Style. Auch für Kinder gibt es hier immer sehr tolle Angebote.

## Das Bob Bob Ricard

Am besten gelangen Sie hierher mit der U-Bahn bis Oxford Circus.

Webseite

QR-Code Scannen
und los geht's!

Adresse:
1 Upper James St, Soho,
London W1F 9DF.

In der Nähe des Golden Square befindet sich dieses Lokal im angesagten Stadtteil Soho. Hierbei handelt es sich um ein sehr edles Restaurant, das mit einer eleganten russisch-britischen Küche verführt. Hier speisen Sie in gemütlichen Nischen, genießen das Art-Deco Ambiente und den sehr gehobenen Stil. Berühmt ist das Lokal auch für die legendäre Champagner Klingel. Das Bob Bob Ricard hat nur abends geöffnet und Kindern unter 14 Jahren ist der Zutritt nicht gestattet.

## Das Rainforest Cafe

Sie gelangen hierher am besten mit der U-Bahn bis Piccadilly Circus.

Webseite

QR-Code Scannen
und los geht's!

Adresse:
20 Shaftesbury Ave,
London W1D 7EU.

Hier essen und trinken Sie mitten im tropischen Regenwald. Nicht nur optisch ist die Kulisse perfekt, Sie hören auch sämtliche Geräusche des Dschungels und tauchen in ein Abenteuer ein. Dieses Restaurant ist ein außergewöhnliches Familienrestaurant, das nicht nur bei Kindern beliebt ist. Die Gerichte basieren auf Fast-Food, sind jedoch äußerst lecker. Ein kleines Rainforest Shop ist angeschlossen und in Aquarien können richtige, tropische Fische beobachtet werden.

## Das Archipelago London

Am besten gelangen Sie hierher mit der U-Bahn bis Goodge Street.

Webseite

QR-Code Scannen
und los geht's!

Adresse:
53 Cleveland St, Fitzrovia,
London W1T 4JJ.

Das Archipelago besticht mit einer opulenten Kulisse. Buddha Statuen und goldene Skulpturen, Zwergpalmen, Pfauenfedern und Teller in Zebra- Optik sorgen für ein ganz besonders Ambiente. Doch auch die Küche ist außergewöhnlich. Krokodil, Känguru und Gnu stehen hier unter anderem auf der Speisekarte und das Archipelago entführt Sie auf eine kulinarische Weltreise im gehobenen Stil.

## Das Circus

Am besten gelangen Sie hierher mit der Metro bis Covent Garden.

Webseite

QR-Code Scannen
und los geht's!

Adresse:
27-29 Endell St,
London WC2H 9BA.

Das Restaurant überzeugt nicht nur mit einer frischen und modernen europäisch-asiatischen Fusionsküche, sondern auch mit Kabarett und Zirkusakrobatik. Das Design ist futuristisch und glamourös und die Stimmung ausgelassen. Genießen Sie die Spezialitäten des Circus und einen guten Cocktail von Dienstag bis Samstag immer ab 18:00 Uhr.

## Dans le Noir? - Dinner in the Dark

Am besten gelangen Sie hierher mit der Bahn bis Farringdon.

Webseite

QR-Code Scannen
und los geht's!

Adresse:
30-31 Clerkenwell Green, Clerkenwell,
London EC1R 0DU, Vereinigtes Königreich.

In diesem Restaurant können Sie sich ganz auf Ihre Sinne konzentrieren, denn Sie essen in absoluter Dunkelheit. Was im ersten Moment erschreckend klingen mag, ist ein ganz besonderes Erlebnis für Geist, Seele und Gaumen. Die Gerichte werden von blinden Kellnern serviert und Sie lassen sich überraschen, mit welchen Köstlichkeiten Sie verwöhnt werden.

## The Clink Restaurant

Am besten gelangen Sie hierher mit dem Bus bis Jebb Avenue Brixton Prison (Stop BV).

Webseite

QR-Code Scannen
und los geht's!

Adresse:
Her Majesty's Prison Brixton
Jebb Avenue Brixton, London SW2 5XF.

Mit einem Besuch im Restaurant der Haftanstalt Brixton genießen Sie nicht nur ein Essen in ungewöhnlicher Atmosphäre, sie unterstützen damit auch ein soziales Projekt. Viele der Zutaten stammen aus Haftanstalten des ganzen Landes und wurden selbst biologisch angebaut. Alkohol wird hier jedoch keiner serviert, da es sich um eine richtige Haftanstalt handelt.

## Das HIPCHIPS

Am besten gelangen Sie hierher mit der Metro bis Leicester Square.

Webseite

QR-Code Scannen
und los geht's!

Adresse:
56-58 Old Compton St, Soho,
London W1D 4UF, Vereinigtes Königreich.

Dieses Lokal ist perfekt für Chips-Liebhaber. Hier werden die knusprigen Kartoffelspalten mit unzähligen Saucen serviert. Von süß bis salzig, höllisch scharf oder fruchtig aromatisch - hier entdecken Sie Saucen, die Sie bis jetzt noch nie probiert haben. Lassen Sie sich im HIPCHIPS auf keinen Fall den Käsekuchen als Nachtisch entgehen.

# Nightlife in London

Natürlich ist auch das Nachtleben in London sehr außergewöhnlich, pulsierend und aufregend. Sie können hier abends in einem Pub abhängen oder die ganze Nacht in einem der angesagtesten Clubs tanzen. Langeweile kommt in einer Metropole wie London jedoch garantiert nie auf.

## The Piano Works

Am besten gelangen Sie hierher mit der Bahn bis Farringdon.

Webseite

QR-Code Scannen
und los geht's!

Adresse:
113-117 Farringdon Rd,
London EC1R 3BX.

Dieses Lokal wird als Mischung zwischen Jukebox und Restaurant bezeichnet und zu Burger, Ribs und Steaks genießen Sie hier Live- Musik vom Feinsten. Bis spät in die Nacht hinein werden hier auf Wunsch sämtliche Lieder gesungen und gespielt. Diese Restaurant-Bar wurde außerdem bereits einige Male unter die 10 besten Cocktailbars des Landes gewählt.

## Das Shaka Zulu

Am besten gelangen Sie hierher mit der Bahn bis Camden Road.

Webseite

QR-Code Scannen
und los geht's!

Adresse:
Stables Market, Chalk Farm Rd,
Camden Town, London NW1 8AB.

Bei diesem Lokal handelt es sich um eine prickelnde Mischung aus Restaurant, Bar und Nachtclub. Die Einrichtung ist opulent und skurril und die Küche verwöhnt Sie hier mit südafrikanischen Spezialitäten. Auf zwei Etagen können Sie essen, Cocktails genießen, tanzen und cooler Live- Musik lauschen.

## Das Ministry of Sound

Am besten gelangen Sie hierher mit der U-Bahn bis Elephant & Castle.

Webseite

QR-Code Scannen
und los geht's!

Adresse:
103 Gaunt Street, Elephant & Castle,
London.

Fünf Säle, vier Bars und eine VIP Lounge erwarten Sie in diesem angesagten Londoner Club mit Kult Status, der sich in einem umgebauten Busbahnhof befindet. Dieser Club hat den Ruf, das weltbeste Soundsystem zu besitzen.

## Die Icebar London

Am besten gelangen Sie hierher mit der U-Bahn bis Oxford Street oder Piccadilly Circus.

Webseite

QR-Code Scannen
und los geht's!

Adresse:
31-33 Heddon Street,
London.

Diese Bar ist im wahrsten Sinne die coolste Bar der Welt, denn hier hat es konstant 5° Celsius. Nur so wird sichergestellt, dass das Eis, welches aus Schweden importiert und konserviert wurde, nicht schmilzt. Wände, Tische, Stühle und Gläser - alles in dieser Bar ist aus Eis gearbeitet. Sie sollten sich auf jeden Fall warm anziehen.

## Gordon`s Wine Bar

Am besten gelangen Sie hierher mit der U-Bahn bis Charing Cross Road oder Embarking.

Webseite

QR-Code Scannen
und los geht's!

Adresse:
47 Villiers Street,
London.

Diese Weinbar wurde im Jahr 1890 gegründet und ist somit wahrscheinlich die älteste Weinbar Londons. Begeben Sie sich auf eine Zeitreise und genießen Sie bei idyllischem Kerzenschein Ihr Glas Sherry oder Port frisch vom Fass. Auch leckere Speisen werden in der Bar serviert. Ein Tipp: Um einen gemütlichen Tisch zu bekommen, sollten Sie schon um etwa 16:00 Uhr hier ankommen, denn wie in beinahe allen Lokalen Londons werden kaum Tische reserviert.

## Das Piccadilly Institute

Am besten gelangen Sie hierher mit der U-Bahn bis Piccadilly Circus.

Webseite

QR-Code Scannen
und los geht's!

Adresse:
The London Pavillion,
1 Piccadilly Circus, London.

Hier wird in sechs verschiedenen Sälen die unterschiedlichste Musik geboten und für jeden Geschmack ist hier das Passende dabei. Genießen Sie Musik aus den 80-er Jahren oder tanzen Sie zu House, R&B oder Techno. Zudem sollten Sie sämtliche Säle begutachten, denn jeder einzelne ist individuell gestaltet und mit teilweise skurrilen Elementen ausgestattet.

## The Hippodrome Casino

Am besten gelangen Sie hierher mit U-Bahn bis Leicester Square.

Webseite

QR-Code Scannen
und los geht's!

Adresse:
Leicester Square,
London.

Hier sind fünf Etagen mit unterschiedlichen Aktivitäten und Attraktionen bestückt. Hier erfahren Sie pulsierende Unterhaltung pur. Besuchen Sie den Spielbereich oder die Bars, die Etage mit Livemusik, zwei Lounges oder den Bereich für Raucher und Zigarren im Außenbereich. Ein absolutes Highlight ist hier die Heliot Bar, die sich am Balkon des ersten Stocks befindet. Hier werden klassische Cocktail serviert, die an die glamouröse Vergangenheit des Hippodromes erinnern.

## The Prince Alfred

Am besten gelangen Sie hierher mit der U-Bahn bis Warwick Avenue.

Webseite

QR-Code Scannen
und los geht's!

Adresse:
5a Formosa Street,
London.

Das Lokal wurde erstmals im Jahr 1863 eröffnet und wurde seitdem nicht maßgeblich verändert. Hier genießen Sie den viktorianischen Lebensstil pur. Das PA, wie es von der einheimischen Bevölkerung liebevoll genannt wird, liegt malerisch am Ufer von Little Venice. Im angeschlossenen Speisesaal Formosa können Sie auch wunderbar essen.

## The Roxy

Am besten gelangen Sie hierher mit der U-Bahn bis Tottenham Court Road.

Webseite

QR-Code Scannen
und los geht's!

Adresse:
3-5 Rathbone Place Marylebone,
London.

Beim Roxy handelt es sich um eine sehr gemütliche und zwanglose Bar im Londoner West End. Das Roxy ist ein beliebter Club bei Studenten und eine Location für After-work Parties. Gespielt wird hier hauptsächlich Musik von Elektro Pop bis alternative Rhythmen.

## The Atlas Pub

Am besten gelangen Sie hierher mit der Metro bis West Brompton.

Webseite

QR-Code Scannen
und los geht's!

Adresse:
16 Seagrave Road, Fulham,
London.

Dieses Pub besticht mit sehr stilvollem Ambiente. Die Wände sind elegant vertäfelt und die Tische sind stets mit frischen Blumen dekoriert. Im Zentrum befindet sich ein gemauerter Kamin und Sie genießen hier erlesene Weine und abwechslungsreiche Gerichte. Das Atlas Pub dient auch als Location für die Seminare der London Wine Academy.

# Shopping in London

London ist eine wahre Shopping- Metropole. Kaum eine Stadt bietet Ihnen mehr Abwechslung und mehr Möglichkeiten. Ob Mode, Elektronik, Kunsthandwerk, Antiquitäten und mehr - hier schlagen die Herzen der Shopaholics garantiert höher.

## Die legendäre Oxford Street

Am besten gelangen Sie hierher mit der U-Bahn bis Oxford Circus, Tottenham Court Road, Bond Street und Marble Arch.

Webseite

QR-Code Scannen
und los geht's!

Adresse:
Oxford Street,
London.

Hier sind unzählige Geschäfte, Boutiquen und Läden aller Art aufgereiht. Auch die bekannten Einkaufstempel wie Selfridges, John Lewis, House of Fraser und Marks & Spencer befinden sich hier.

## Harrods

Am besten gelangen Sie hierher mit der U-Bahn bis Knightsbridge.

Webseite

QR-Code Scannen
und los geht's!

Adresse:
87-135 Brompton Road,
Knightsbridge

Ein Besuch im Harrods gehört zu jedem Aufenthalt in London einfach dazu. Diese Institution ist dafür bekannt, dass es hier nichts gibt, was es nicht gibt. Bereits der Eingangsbereich mit goldenem und grünem Dekor ist markant und opulent. Ein beliebtes Souvenir sind die Produkte mit dem Harrods Schriftzug und neben der Kosmetik- und Parfumabteilung ist auch die Lebensmittelabteilung ein absoluter Hit.

## Selfridges

Am besten gelangen Sie hierher mit der U-Bahn bis Bond Street und Marble Arch.

Webseite

QR-Code Scannen
und los geht's!

Adresse:
400 Oxford Street,
London

Selfridges ist das berühmte Luxus-Kaufhaus Londons. Auf

sechs Etagen wird Mode, Elektronik, Design und mehr angeboten. Selfridges ist auch für die große Delikatessen-Abteilung und die immer wechselnden, neuen Pop-up Stores bekannt. Hier befinden sich viele Restaurants, Bars und Kaffeehäuser und der Konsumtempel ist auch ein sozialer Treffpunkt und es finden immer wieder interessante Kunstausstellungen statt. Ein Highlight sind die legendären Rooftop-Parties mit skurrilem Touch.

## Knightsbridge

Am besten gelangen Sie hierher mit der U-Bahn bis Knightsbridge, Sloane Square.

Webseite

QR-Code Scannen
und los geht's!

Adresse:
Knightsbridge,
London

In Knightsbridge, Chelsea und South Kensington sind die tollsten Mode-Boutiquen und Designer- Läden der Welt vereint. Hier können Sie bei Prada, Gucci, Giorgio Armani, Dolce & Gabbana, Fendi und vielen mehr einkaufen.

## Liberty

Am besten gelangen Sie hierher mit der U-Bahn bis Oxford Circus.

Webseite

QR-Code Scannen
und los geht's!

Adresse:
Regent Street,
London

Durch den Eingang im markanten Tudor Stil gelangen Sie in das coole und trendige Designer-Warenhaus hinter der Regent Street. Das Kaufhaus wurde erstmals 1875 eröffnet und Oscar Wild kürte das Liberty zum „Ort für kunstgewandtes Einkaufen". Mode, Schmuck, Kosmetik, Möbel, Spielzeug, orientalischen Teppichen und vieles mehr wird im Liberty zum Verkauf angeboten.

## Savile Row

Am besten gelangen Sie hierher mit der U-Bahn bis Oxford Circus.

Adresse:
Saville Row, Mayfair,
London

Seit dem Jahr 1803 ist diese Gegend bekannt für die hochwertigen Ateliers der Schneider. Wenn Sie auf der Suche nach einem maßgeschneiderten Anzug sind, dann ist die Savile Row ein absolutes Muss. Fertige Hemden, Krawatten oder Hüte finden Sie gegenüber auf der Jermyn Street.

## OWB Online:

Exklusiv für unsere treuen Leser, gibt es nun unseren Online Bonus-Zugang. Dieser Zugang ist für Sie vollkommen kostenlos. Scannen Sie einfach mit Ihrer Kamera-App den QR-Code auf der rechten Seite und legen sie los!

## OWB Bonus-Zugang:

**Je nach Verfügbarkeit:**

- Zusätzliches Reisematerial wie z.B.:
  Stadtpläne, U-Bahnpläne...
- Reisegutscheine und Rabattcodes
- Top Aktivitäten und Links zum Buchen
- Sonderaktionen
- Informationen zu Covid Regeln & Einreise

QR-Code scannen und los geht's!

GUDM - 2D2T19 - G000OM8

# Impressum:



**ONLINEWORLDOFBOOKS.EU**
**Buch-, Kunst- & Musikalienverlag**

**2. Auflage (Auflage 2021)**
**kontakt@onlineworldofbooks.eu**

**Taschenbuch:**
**KDN-ISBN: 9798501141957**



**Risiko-Hinweis und Haftung**

Empfehlungen, Charts und Tabellen für verlässlich, jedoch können wir keine Garantie für Richtigkeit und Aktualität übernehmen. Die Inhalte in diesem Werk sind nach bestem Gewissen verfasst, wir halten unsere Quellen für verlässlich, aber auch hier können wir keine Garantie auf Richtigkeit und Aktualität geben. Die Informationen geben lediglich einen Einblick in die Meinung der Verfasser.

**Haftungsausschluss**

Die Inhalte wurden mit größtmöglicher Sorgfalt erstellt. Der Autor übernimmt jedoch keine Gewähr für die Richtigkeit und Vollständigkeit der hier befindlichen Informationen sowie bereitgestellten Inhalte.

**Urheber- und Kennzeichenrecht**

Bei den Inhalten, die erstellt wurden, werden die Urheberrechte Dritter beachtet. Insbesondere werden Inhalte und Rechte Dritter als solche gekennzeichnet.

Sollte der Nutzer trotzdem auf eine Urheberrechtsverletzung aufmerksam werden, bitten wir um einen entsprechenden Hinweis. Bei Bekanntwerden von Rechtsverletzungen werden wir derartige Inhalte gerne und umgehend entfernen.

**Etwaige Bilder, Grafiken und Lizenzen:**

Privatarchiv, Pixabay.com, shutterstock.com, iconfinder.com, Envato Elements

Printed in Poland
by Amazon Fulfillment
Poland Sp. z o.o., Wrocław

91033365R00071